KLEINE SCHEUE MAUS

KLEINE SCHEUE MAUS

Von Tony Johnston
Illustriert von Diane Stanley

Reinbeker Kinderbücher
Carlsen Verlag

© Carlsen Verlag GmbH · Reinbek bei Hamburg 1982
Aus dem Amerikanischen von Wolf Hausmann
LITTLE MOUSE NIBBLING
Text copyright © 1979 by Tony Johnston
Illustrations copyright © 1979 by Diane Stanley
Originalverlag: G.P. Putnam's Sons, New York
Alle deutschen Rechte vorbehalten
06018219/2451 · ISBN 3-551-51245-0 · Bestellnummer 51245

Es war einmal ein kleines Haus
im Wald,
bewohnt von einer kleinen Maus
im Wald.
Die Maus, die nagte,
nagte ganz allein
im Wald.

Sie fand ein Stück Käse,
trocken und fein.
Das nagte sie im Dunkeln
ganz allein.

Und sie fand eine Kerze,
eine Bienenwachskerze.
Sie nagte sie an
und merkte sodann:
Es schmeckte wie Honig
im Dunkeln.

Die Maus sah hinaus
und sah Bäume im Wald.
So viele Bäume,
denn der Wald,
der besteht ja aus Bäumen.
So nagte die Maus
und begann zu träumen:
Was ist wohl im Wald?
Vielleicht gibt es dort
sogar Mäuse?

Doch sie schaute nicht nach.
Denn sie war eine kleine,
sehr schüchterne Maus.

Sie fand ein Blatt.
Ein trockenes Blatt.
Zu trocken zum Nagen,
zu trocken zum Spielen.
„Ein Blatt ist kein Freund",
seufzte sie.

Da ertönte ein kleiner Laut.
Ein kleines Lied: „Tirir – rier."
„Was singt da so leise?"
fragte die Maus.
Das kommt nicht von mir.

Da saß eine Grille,
eine schwarzglänzende Grille,
ganz dicht vor ihr.

Das Mäuschen knabberte
nicht an ihr.
Einen Gast
nagt man nicht an.
„Guten Tag, Grille."
„Guten Tag, Maus.
Ich singe gern."
„Ich knabbere gern."
Da sagte die Grille:
„Das ist fein.
Dann können wir ja
Freunde sein."

„Ein Freund!" rief die kleine Maus.
Und sie zitterte am ganzen Leib.
Sie zitterte wie ein Bäumchen
im Wald
im Wind.

Dann sagte sie:
„Du warst doch draußen im Wald?
Erzähl mir davon – was ist dort, Grille?"

„Oh, Bäume und freundliche Tiere. Und Schnee. Wenn du nie hinausgehst, Maus, dann siehst du auch kein Reh."

Die Grille sang ein Lied
aus dem kleinen Haus
in die Nacht hinaus.
Sang hinein in den Wald
voller Bäume,
bis weit in die Ferne
und zum Himmel,
der war voller Sterne.
Da ertönte ein froher Klang
am Häuschen entlang.
Jemand brachte
etwas und lachte.

„Du warst doch da draußen",
flüsterte die Maus.
„Hast du je so etwas gehört?"
„Weihnachtssänger", sagte die Grille.
„Sie singen so gern
mit Kerze und Stern.
Auch ich singe gern – so wie die.
Geh und sieh!"

Da trippelte die Maus ganz leise
zur Tür und hörte die Weise:
Süßes Getön.
Weihnachtlich schön
wehte es zwischen den Bäumen hin.
Verschneit der Wald.
Und darin,
pelzig und kalt,
die Weihnachtsboten.
Jetzt waren sie an der Tür.
Das Erdhörnchen hauchte auf die Pfoten.
Der kleine Hase
schnaubte und blies durch die Nase.
Sie pusteten und husteten
in der Kälte.

Sollte das Mäuschen
sie einlassen?
Wirklich?
Ja! Und –

Alle kamen herein
in das Häuschen
im Wald.
Sie stampften und dampften.
Aber hier war es warm
beim Kerzenschein.
Und so war das Mäuschen
nicht mehr allein.